A Chiara, il mio mostro amoroso

www.lulu.com

Stampato da Lulu Italia per conto di Pietro Li Causi

Prima edizione: stampato in proprio, Palermo, 2001

ISBN: 9780244544843

Pietro Li Causi

Il Mostro Amoroso

www.lulu.com

«Ἔστι δέ τι, εἰ δεῖ πιστεῦσαι Κτησίᾳ· ἐκεῖνος γὰρ τὸ ἐν Ἰνδοῖς θηρίον, ᾧ ὄνομα εἶναι μαρτιχόραν, τοῦτ᾽ ἔχειν ἐπ᾽ἀμφότερά φησι τριστοίχους τοὺς ὀδόντας· εἶναι δὲ μέγεθος μὲν ἡλίκον λέοντα καὶ δασὺ ὁμοίως, καὶ πόδας ἔχειν ὁμοίους, πρόσωπον δὲ καὶ ὦτα ἀνθρωποειδές, τὸ δ᾽ ὄμμα γλαυκόν, τὸ δὲ χρῶμα κινναβάρινον, τὴν δὲ κέρκον ὁμοίαν τῇ τοῦ σκορπίου τοῦ χερσαίου, ἐν ᾗ κέντρον ἔχειν καὶ τὰς ἀποφυάδας ἀπακοντίζειν, φθέγγεσθαι δ᾽ ὅμοιον φωνῇ ἅμα σύριγγος καὶ σάλπιγγος, ταχὺ δὲ θεῖν οὐχ ἧττον τῶν ἐλάφων, καὶ εἶναι ἄγριον καὶ ἀνθρωποφάγον».

(Aristotele, *Historia Animalium*)

Antefatto

Era un giorno di festa
quando tu mi hai lasciato
era la tempesta, era
il margine estremo della vita
che mi invadeva dentro
e le solitudini ampie
senza via d'uscita e orientamento
erano le terre
ultime di te, dei tuoi paesi…

Allora, mia cara,
in un giorno di vento e d'amore
è iniziata l'inchiesta

Presentazione

Hai occhi azzurri di uomo
giusto
            e la pelle
colore del cinabro
sei donna
                di fiumi e foreste
sei il margine estremo del mondo
sei il fiore delle tempeste
indiane

Hai il corpo glabro
come chi non esiste
e ti cerco, per questo
nei giorni perduti
nel vuoto
     inconsistente
di chi non resiste
più

Orme (sul terreno bagnato d'inchiostro)

Come nel tempo in cui magrezze scarne
ho amato, in un modo nuovo veglio in te,
inattesa creatura di ghiaccio e di
alti silenzi, e in essenziali nenie
resto a cullarmi e mi sorprendo vero
appena il volo dei tuoi occhi spicca.

Inspiegabili sono i corsi delle
nostre rotte: si avviluppano e si
sperdono in remore ombrose fin quando
il vento dei giorni col dissipare
nubi ed oscuri ancoraggi lascia
galleggiare alla deriva lontana
ancora una possibilità

Una chiamata

Ricordo chiaramente:
c'era il silenzio all'altro capo del mondo
«*Hallo!*»
io dicevo, cercando la bestia
aliena della voce tua
roca appena, come un
angelo di terre sconosciute

Cercavo istruzioni
                    accorgimenti
consigli di viaggio nel tuo canto:
«*ambedue le coste*» mi dicesti
«*del suo manto
di nodi son dipinte e di rotelle*»
nelle crepe della terra sconosciuta,
nel tuo corpo, scendendo a larghe rote,
avrei trovato il senso
la sua trama misteriosa

Ed ancora tuttavia ricordo:
c'era il silenzio all'altro capo del mondo
«*Hallo!*»
io dicevo, cercando la bestia
aliena della voce tua
roca appena, come un
angelo di terre sconosciute

GENEALOGIE DI UN VIAGGIO

Ritornando a San Miniato
in treno, lo ricordo,
                    mi hai raccontato
                    … la guerra,
il romanzo di tuo nonno imboscato
che tradusse Cicerone
in fogli di cartone che distrusse

il suo secondo matrimonio
che quasi non ricordavi
più… la casa di via Borremans
i cinque figli, Renata, Sandra e poi
tu…

Apparizioni ominose

Forse era il segno
quel giorno
forse la deriva
di quanto ci sarebbe stato:

guidavo e non potevo
abbagliarmi nel tuo viso
quando mi hai raccontato di tuo nonno,
apparso in sogno, che asseriva:
«è soffrire quanto basta il paradiso»

Usanze del luogo

Sto bene
            se tu stai bene
è una forma di saluto dei luoghi
d'ossimoro che esploriamo

Sto bene
            se tu non soffri
è quello che un tempo –si dice–
la belva disse
che cerchiamo

Pioggia indiana

La pioggia fa odore di terra
e la terra ti chiama e ti guida,
belva di sguardi e di morsi amorosi,
tu che al cielo d'oriente
sei salita per guidare gli astri
e i ventosi monti dell'ultimo mondo,
attendi appiattata nei rovi
la preda che gli occhi divora
la pioggia ti india e ti sfinisce
e scopre il tuo corpo di giunco,
il suono del flauto,
la voce di tromba
che ammalia e atterrisce

***Perduto nel bosco (senza cappuccetto e
senza lupo)***

Divorato come sempre
dal dubbio del cammino
ho cercato di comprendere
le vie percorse, i passi,
sentieri e scorciatoie
non dico del Destino,
ma del motivo almeno
per cui in questo bosco,
oscuro, tosco, eppure ameno, Pietro
debba sempre,
per una strana magaria,
per uno scherzo malandrino,
tornare indietro

La città che dorme

L'Amore ha guglie
e una porta che gli eserciti
dei popoli lontani
non hanno mai espugnato

Ha merlature e feritoie
e contrafforti
di carta e sudore
di lettere e messaggi

Sa di viaggi e marce
e suona l'allarme
nelle notti inattese
in cui il silenzio
ha il rumore dei passi
della belva che procede
e che a grandi balzi
assale

Proprietà numero uno

Il morso della belva
ha il rumore dei tuoi passi
quando te ne vai

L'incedere e il mordere

Hai passi di cerva
veloci e snelli
che ti portano lesta
per la città delle guglie
che sicura attraversi

Lenta invece percorri
la foresta e i dirupi
e il fogliame ti turba
e le fiancate del monte
mangiate dal vento

Riaversi dal morso
che infliggi coi denti
è pesci che volano
e fiumi di miele e vino
e formiche giganti
che scavano l'oro

La coda del mostro

Non l'azzurro che si deve
c'è nel tuo guardare
ma il rame
e la bacca che sbiadisce
il frutto proibito del Gange

lo scorpione,
il guizzo amoroso
della coda degli occhi
tuoi, mi cerca in avanti
in dietro mi respinge
mi attanaglia e ammorba

torcendo in su la velenosa forca
armi il tuo amore
del dardo ostile
dell'istrice

Fuga da film

Sfuggendo ad un quasi-laccio
teso dal mio abbraccio traditore
«*è come nel baseball…*» mi dicesti
«*se Charlie Brown vincesse una partita
sarebbe certo perché implicato
in un giro di scommesse*»
e salisti sul motore…

Divieti interspecifici

Per crocoti e manticore
da tempo un vegliardo
barbuto e mezzo orbo
una legge per l'amore
ha fissato che non falla:
«mai innamorarsi di una farfalla !»

Avvistamenti mancati

È accaduto in quelle terre,
per doppie immissioni di seme
o per scherzo
della natura, di vedere
serpenti a due teste,
anfisbene e pirigoni, cinghiali
a due code e perfino –si dice–
una pulce rampante
e un coccodrillo felice
dopo l'avido pasto!

…ma in tutto questo sfarzo
di mirabili visioni,
mai che un viandante,
- che disdetta!!!-
abbia visto passare
(neanche di fretta)
quell'ibrido mostro
dal vermiglio colore,
quell'essere amorfo
che chiamano Amore!

Problemi di cinegetica (I)

Lorenzo, alla domanda che ti feci
su cosa fosse meglio cacciare, tu
«le manticore non esistono» dicesti
«e i conigli non si lasciano acchiappare»

La fuga del mostro

Abbiamo sofferto quanto bastava,
abbiamo riso e pianto,
abbiamo deriso chi ha deriso il nostro amore

Atterriti alla fine
abbiamo scoperto
che non era che fuga
di mille manticore

Credenze del luogo

È stato visto
aggirarsi nel bosco
con gli occhi di bacca
iniettati di dolore
e con i peli irsuti,

si è fermato pochi mesi,
pochi giorni, dicono altri,
altri ancora pochi minuti.

«Era» –dicevano- «d'Amore»

La verità, vi prego, sulle stagioni

È un luogo letterario, senza dubbio,
una fola studiata, da salotto,
che l'uomo possa vivere stagioni
come l'istrice, il falco, il topo, il nibbio:

«un fuoco ben più duro ci strappa ogni riposo»
(anche ad Auden la cosa non è nuova!).

È per questo che in primavera noi
su ogni bestia o uccello che si muova
posiamo il nostro sguardo invidioso

Nel bosco

L'inchiesta ha i suoi giri,

                        i suoi

               sbandamenti,

il suo andare a vuoto,

                  le miserie

di chi non ha requie.

                  Nel folto bosco,

nel vortice,

           nel gorgo che ti assale,

affonda i suoi denti, le zanne,

                     e poi

dilania la carne e la mente,

                    sfugge

in ogni anfratto,

            e ad ogni sfuggire

non puoi, allo stesso tempo,

                    inseguire

e parare i colpi

           della sua coda.

L'inchiesta ha fine

             dove non c'è fine

e inizio

          dove l'amore ha inizio

e il dolore, insieme, morde

con la sua

triplice fila di denti

Diritti di caccia (I)

Il cacciatore, come gli altri,
ha diritto alla felicità…
non biasimatelo, pertanto,
quando lo vedrete
aggirarsi nel bosco o in città

Problemi di cinegetica (II)

Lorenzo, mio compare, quel giorno tu
avevi i pantaloni con le *pence* e,
dopo aver risposto alla mia domanda
(*quaenam fera sit venanda* o giù di lì),
mi chiedesti cinque cents, come Lucy
Van Pelt, nei *Peanuts*, è solita fare

Caratteristiche della selvaggina

L'Amore, talvolta,
come la lepre o il cinghiale,
ha un odore greve,
quasi di maiale

Proprietà numero due

Il corpo della belva
- è risaputo!-
ha il colore delle spalle tue
dopo l'ultimo saluto

Diritti di caccia (II)

La preda, come gli altri,
ha diritto alla felicità.
Non biasimatela, pertanto,
quando la vedrete
fuggire dal bosco
o abbandonare la città

Odonterastés

Per quanto tu rimpianga,
per quanto ti lamenti
non può fare più male,
l'amore,
di un male di denti

Incidenti di percorso (I)

«Che tipo di dolore ha?» mi ha chiesto
il dentista prima di cominciare.
Io… che pensavo di parlargli di te,
e del mio immenso amare funesto,
per far più presto, per farmi una ragione,
gli ho dato, alla fine, il mio assenso
per la devitalizzazione

Accorgimenti venatori

C'è un frullare di tecniche
per sfuggire ai dolori della caccia
a manticore, crocoti e leprotti:

fasciarsi i piedi e la testa
prima e dopo
di esserseli rotti

Racconti fantastici

Se si deve credere a Ctesia
esiste in India (ma anche
in Italia, in Barbaria e in Lagnusia)
una belva con due teste,
quattro braccia e quattro gambe.

In barbaro "Amore" ella s'appella,
"Dolore" la nomano in lagnuso:
ti insegue se la fuggi
e ti sfugge se l'insegui.

Se infine catturata la cucini,
condita con patate o con la pasta,
ha un gusto a volte dolce a volte amaro…
In breve, a digerirla, non ti basta
neanche un quintale di magnesia…

Archeologia dell'amore

Un tempo uno spirto guerrier,
il poeta che scrisse il gran poema
che dentro la memoria ancor mi rugge,
mi disse che alla fin fine,
tra rovi, pruni e lingue cervine,
a farsi meno male con l'Amor
è proprio la belva che fugge

***Per render più evidenti certe rime che
potrebbero essere sfuggite al lettore***

(A digerire il dolore
e le panzane di Ctesia
non ti basta neanche
un quintale di magnesia)

Incidenti di percorso (II)

Per farla breve:

al dolore si risponde
come il dentista
che mi ha devitalizzato
il dente sbagliato

Ai margini del deserto (I)

…accompagnarti
nella calura estiva
come il dono che si riceve
come l'acqua che si beve
viva…

Metamorfosi inavvertite

Nel corso della spedizione,
nella pece del dolore,
abbiamo sbagliato varie volte

a consolarci, a guidarci
per vie e pensieri impervi:

credevamo di essere viandanti
esperti, e invece…

…eravamo solo cervi

Una lezioncina di antropologia

Gianni, uomo più accorto
di me sicuramente,
mi ha comunque ricordato
- con fare di chi non mente-
che noi della sofferenza
non possiamo fare senza

Ai margini del deserto (II)

Cerco l'onda che ti muove
e ritto osservo dalla sabbia
uno scrosciare che ti spinga
a me...
        Il giorno
si è fatto quasi nebbia e sentore
di caldi nuvoli estivi...

                    e tu
arriverai
dentro un sospiro che si accinge
a farsi odore, in un abbraccio
che commuove e che spaura
come l'acqua di sale che ti bagna
pura...

Lo scorno finale

Usciti a mani vuote dalla selva
ombrosa, ci si ingegna nuovamente
a fare diventare, piano piano,
la solitudine
preziosa

Un caso di sinonimia

(A digerire l'Amore
e le panzane di Ctesia
non ti basta neanche
un quintale di magnesia)

A Suggello

E come se non bastasse
in tutta questa preziosità
ci si mette anche la porta
di via Barone Bivona,
che fra tanti ricordi di ieri,
fra vaghe prove di umanità,
rimane blindata
con me dentro,
con la chiave che non gira
e che attende i pompieri

*"Hominum sermones imitari et
mantichoram in Aethiopia auctor est Iuba"*

(Plinio il Vecchio, *Naturalis Historia*)

Sorpresa!

Nonostante le tracce
che ho seminato, io
non ho mai amato
come amano gli umani:
non fate quelle facce!

La Coda di chi ama

Insomma… lo devo
ripetere ancora?
Se Gustavo era la madama
Bovary, allora io…

…sono il martichora.

INDICE